F Marcinowski

# Das Heimatrecht und die Armenpflege im preuszischen Staatsgebiet

F Marcinowski

**Das Heimatrecht und die Armenpflege im preuszischen Staatsgebiet**

ISBN/EAN: 9783744656559

Hergestellt in Europa, USA, Kanada, Australien, Japan

Cover: Foto ©ninafisch / pixelio.de

Weitere Bücher finden Sie auf **www.hansebooks.com**

# Das Heimathrecht

und

# die Armenpflege

im

preußischen Staatsgebiet.

---

Nach den Bundesgesetzen und dem preuß. Landesgesetz
vom 8. März 1871

dargestellt von

## F. Marcinowski,
Regierungs-Rath in Königsberg in Pr.

---

Königsberg.
Verlag von Ferd. Beyer vorm. Theile'sche Buchhandlung.
1871.

Gedruckt in der Albert Rosbach'schen Buchdruckerei in Königsberg.

Durch das Bundesgesetz über die Erwerbung und den Verlust der Bundes- und Staatsangehörigkeit vom 1. Juni 1870 (Bundesgesetzblatt Seite 355) und das Bundesgesetz über den Unterstützungs-Wohnsitz vom 6. Juni 1870 (ebendaselbst S. 360) im Verein mit dem preußischen Landesgesetz vom 8. März 1871 (Gesetzsammlung S. 130) hat das Heimath- und Armenwesen im preußischen Staatsgebiet eine so durchgreifende Umwandelung erfahren, daß mit dem 1. Juli d. J., dem Einführungstermin des Bundesgesetzes vom 6. Juni 1870 und des preußischen Landesgesetzes vom 6. März 1871, eine ganz neue Ordnung des Heimath- und Armenwesens ins Leben tritt.

Der Umstand, daß sich die neue Gesetzgebung aus verschiedenen getrennten Gesetzesvorschriften zusammensetzt, läßt das Bedürfniß einer übersichtlichen Zusammenstellung um so dringender hervortreten, als die Grundzüge des neuen Rechts und des veränderten Verfahrens in einem kurz bemessenen Zeitraume in den

*

weitesten Kreisen Verbreitung und richtiges Verständniß finden sollen. Mit einer geordneten Zusammenstellung des Textes der zusammengehörigen Ge-
setzesstellen würde man in diesem Falle den angedeuteten
Zweck nicht erreichen, da neben der übersichtlichen und
leicht faßlichen Anordnung des gegebenen Stoffs auf
die Beseitigung möglicher Unklarheiten und Zweifel einge-
wirkt werden muß, eine übersichtliche systematische
Darstellung aber entschieden den Vorzug hat, ein
klareres und anschaulicheres Bild zu geben, als es die
bloße Zusammenstellung des Textes vermag. Diese
Erwägungen legten mir die Aufgabe nahe, das Heimath-
recht und das Armenwesen zum Gegenstande der Bear-
beitung in dem gedachten Sinne zu machen. Ich bin
dabei von dem Gesichtspunkt ausgegangen, einerseits
eine den gesammten Stoff umfassende Uebersicht her-
zustellen, andrerseits aber den Gegenstand so zu behandeln, daß auch den mit den einschlagenden Verhält-
nissen weniger vertrauten Lesern das Verständniß für
die bezüglichen Verhältnisse erleichtert, und die Einführung in die so nahe bevorstehenden neuen Zustände in
zweckmäßiger Weise vorbereitet wird.

Königsberg in Pr., den 7. Mai 1871.

Der Verfasser.

# Inhalts-Verzeichniß.

## Das Heimathrecht.

## Die Armenpflege

Die Gesetzgebung über die Armenpflege hat durch das Bundesgesetz vom 6. Juni 1870 über den Unterstützungswohnsitz eine wesentliche Umgestaltung erfahren.

Dieses Gesetz, welches mit dem 1. Juli 1871 für die Staaten des deutschen Bundes mit Ausschluß von Baiern, Würtemberg und Baden in Kraft tritt, steht mit den Bestimmungen über die Bundes= und Staatsangehörigkeit in einem so untrennbaren Zusammenhange, daß es nothwendig erscheint, vor der Auseinandersetzung der Vorschriften über die Armen=Unterstützung einen Blick auf diejenigen Verhältnisse zu werfen, welche als eine Vorbedingung für den Unterstützungswohnsitz zu betrachten sind.

## Bundesangehörigkeit.

Als Bundesangehörige im Sinne der Armenpflege sind die Angehörigen folgender auf der Grundlage der Verfassungsurkunde des norddeutschen Bundes vom 26. Juni 1863 vereinigten deutschen Staaten anzusehen:

1

1) der Königreiche Preußen mit Lauenburg und Sachsen;

2) der Großherzogthümer Hessen,[1] Meklenburg-Schwerin, Meklenburg-Strelitz, Oldenburg und Sachsen-Weimar;

3) der Herzogthümer Braunschweig, Sachsen-Meiningen, Sachsen-Altenburg, Sachsen-Coburg-Gotha und Anhalt;

4) der Fürstenthümer Schwarzburg-Sondershausen, Schwarzburg-Rudolstadt, Waldeck und Pyrmont, Reuß ältere und jüngere Linie, Schaumburg-Lippe und Lippe;

5) der freien Hansestädte Lübeck, Bremen und Hamburg.

§. 1 B.-Gef. v. 1. Juni 1870 (B.-G.-B. S. 355).
Art. 1 Verf.-Urk. v. 26. Juni 1867 (B.-G.-B. S. 2).

Die Bundesangehörigkeit hat die Wirkung, daß die Angehörigen eines jeden Bundesstaates in jedem andern Bundesstaat als Inländer behandelt und demgemäß dort zum festen Wohnsitz, Gewerbebetrieb, zu öffentlichen Aemtern, zur Erwerbung von Grundstücken,

---

[1] Der südlich des Mains belegene Theil des Großherzogthums Hessen ist erst durch die Verfassungs-Urkunde des deutschen Bundes vom 31. December 1870 in diesen Verband aufgenommen. Art. 80 a. a. O.

Erlangung des Staatsbürgerrechts, sowie zum Genuß aller sonstigen bürgerlichen Rechte unter denselben Voraussetzungen wie die Einheimischen zugelassen werden.

Art. 3 Verf.-Urk. v. 26. Juni 1867.

Diesem Gesichtspunkt entsprechend, sind die Bestimmungen über die Freizügigkeit, sowie über das Heimaths- und Niederlassungsrecht, Gegenstand der Bundesgesetzgebung geworden.

Art. 4 a. a. O.

# Die Staatsangehörigkeit.

## Begründung.

Die Staatsangehörigkeit in einem der vorgenannten Staaten wird begründet:

## A. durch Abstammung.

Bei ehelichen Kindern ist die Staatsangehörigkeit des Vaters, bei unehelichen die der Mutter entscheidend.

§. 3 B.-Ges. v. 1. Juni 1870.

## B. durch Legitimation.

Darunter versteht man die in gesetzlicher Form erfolgte Anerkennung der Vaterschaft außerehelich erzeugter Kinder seitens des Erzeugers.

Dieselbe giebt nach preußischem Recht den unehelichen Kindern die Rechte der ehelichen

1*

1) wenn sich der Erzeuger mit der Mutter der Kinder verheirathet,

2) wenn der Landesherr auf den diesfälligen Antrag des Vaters die Legitimation ausspricht.

§. 4 B.-Ges. v. 1. Juni 1870.

§. 596. 601 ff. II, 2 Allg. L.-R.

## C. durch Verheirathung.

Eine Ausländerin, welche sich mit einem Bundesangehörigen verehelicht, erwirbt dadurch die Staatsangehörigkeit.

§. 5 B.-Ges. v. 1. Juni 1870.

## D. durch Aufnahme des Angehörigen eines Bundesstaates in den Staatsverband eines andern Bundesstaates.

Zur Vollständigkeit eines derartigen Gesuchs gehört:

1) der Nachweis der in dem Heimathstaat erworbenen Staatsangehörigkeit,

2) der Nachweis der Niederlassung in dem Bundesstaat, in welchem die Aufnahme nachgesucht wird,

3) bei unselbständigen Personen die Zustimmung des gesetzlichen Beistandes (Vater, Ehemann, Vormund).

§. 2 B.-Ges. v. 1. November 1867.

§. 7 B.-Ges. v. 1. Juni 1870.

Ueber das Gesuch hat die Regierung zu befinden. Dieselbe muß sich nach dessen Eingang mit der Gemeinde, in welche der Antragsteller überzusiedeln wünscht, in Verbindung setzen.

§. 6 B.-Ges. v. 1. Juni 1870.

Die Aufnahme kann versagt werden:

1) wenn der Antragsteller im letzten Jahre wegen wiederholten Bettelns oder Landstreichens bestraft ist,

2) wenn die Gemeinde den Nachweis führt, daß derselbe außer Stande ist, sich und seinen erwerbsunfähigen Angehörigen selbst oder durch Unterstützung hiezu verpflichteter Verwandten[1]) den nothdürftigen Unterhalt zu verschaffen.

§. 3. 4 B.-Ges. v. 1. November 1867.
§. 7 B.-Ges. v. 1. Juni 1870.

Falls keiner dieser Fälle zutrifft oder denselben nicht die Bedeutung eines durchschlagenden Ablehnungsgrundes beigelegt wird, erfolgt die Aufnahme des Antragstellers in den andern Bundesstaat durch Ausfertigung einer ihm zuzustellenden Aufnahmeurkunde.[2])

---

[1]) Nach preußischem Landrecht liegt diese Verpflichtung nur den Eltern, Kindern, sowie voll- und halbbürtigen Geschwistern ob. §. 14. 15 II, 3 Allg. L.-R.

[2]) Die Aufnahmeurkunde ist kosten- und stempelfrei. §. 24 B.-Ges. v. 1. Juni 1870.

E. durch Naturalifation eines Ausländers
d. h. Aufnahme deſſelben in den Staatsverband
eines Bundesſtaats.

Das diesfällige Geſuch iſt gleichfalls bei der Re=
gierung des betreffendes Bundesſtaates anzubringen.

Zur Begründung gehört:

1) eine obrigkeitliche Beſcheinigung darüber, daß der
Bittſteller nach den Geſetzen ſeiner bisherigen
Heimath ſelbſtändig iſt; (im Falle der Unſelb=
ſtändigkeit bedarf es der atteſtirten Zuſtimmung
des geſetzlichen Vertreters oder Beiſtandes)

2) die Beibringuug eines Atteſtes der ausländiſchen
Obrigkeit über ſeine Unbeſcholtenheit;

3) der Nachweis, daß er am Orte der gewünſchten
Niederlaſſung eine Wohnung oder ein Unter=
kommen gefunden hat;

4) der Nachweis, daß er in der Lage iſt, ſich und
ſeine Angehörigen dort zu ernähren.

Die Regierung hört zuvörderſt die Gemeinde[1])
beziehungsweiſe die Gutsherrſchaft oder den Armen=

---

[1]) In den Städten wird hierüber mit dem Magiſtrat
ohne Zuziehung der Stadtverordneten verhandelt. Cab.=O. v.
15. Juni 1844 (M.=B. S. 220). §. 56 N. 8 der Städte=O. v.
30. Mai 1853.

In den Landgemeinden werden die Schulzen und Schöppen
gehört. R. v. 10. Juni 1844 (M.=B. S. 220).

verband,[1]) in dessen Bezirk der Bittsteller sich nieder=
zulassen gedenkt, über die Erfordernisse ad 2, 3, 4 und
trifft dann die Entscheidung über die Aufnahme des
Ausländers in den Staatsverband.

Falls rücksichtlich der angedeuteten Punkte keine
Bedenken obwalten, wird die Naturalisationsurkunde
ausgefertigt, welche mit dem Zeitpunkt der Aushänd=
gung an den Bittsteller dessen Staatsangehörigkeit be=
gründet.[2])

§. 8. 10 B.=Ges. v. 1. Juni 1870.

Bei Bundesangehörigen, welche ihre Staatsange=
hörigkeit durch zehnjährigen Aufenthalt im Auslande
verwirkt haben, können zwei Fälle eintreten:

---

[1]) Es handelt sich hier nur um die aus **mehreren** Ge=
meinden, Gutsherrschaften oder einzelnen Ansiedelungen gebildeten
Armenverbände (Gesammt=Armenverbände).

Die Gemeinde, beziehungsweise Gutsherrschaft, kann aber
auch in diesem Falle ihren besondern Standpunkt geltend machen,
wenn ihr die Polizeigewalt zusteht und sie vom polizeilichen
Gesichtspunkt aus gegründete Bedenken gegen die Aufnahme
des Bittstellers hervorheben will.

[2]) Von Angehörigen der Königreiche Baiern und Wür=
temberg und des Großherzogthums Baden soll der Nachweis
gefordert werden, daß der Bittsteller der Militairdienstpflicht
genügt hat oder von derselben befreit ist. §. 8 B.=Ges. vom
1. Juni 1870. Bundesvertrag v. 25. November 1870.

1) der Bundesangehörige hat noch keine andere Staatsangehörigkeit erworben.

Dann kann ihm die Staatsangehörigkeit in dem früheren Heimathstaate wieder verliehen werden, auch ohne daß er sich dort niederläßt.

2) der Bundesangehörige hat bereits eine andere Staatsangehörigkeit erworben.

Dann muß er den Nachweis führen, daß er sich in dem Bundesstaat, in welchem er die Aufnahme nachsucht, niedergelassen hat.

Ein weiterer Nachweis ist in beiden Fällen nicht erforderlich.

§. 21 Abf. 5. 6 B.=Gef. v. 1. Juni 1870.

F. durch Anstellung im Bundesdienst oder im unmittelbaren oder mittelbaren Staats=, Kirchen=, Schul= oder Communal=Dienst eines Bundesstaats.

Die von der Regierung ohne einen entgegenstehenden Vorbehalt vollzogene oder bestätigte Bestallung vertritt bei Inländern die Stelle der Aufnahme — bei Ausländern die Stelle der Naturalisationsurkunde.

Ein im Bundesdienst angestellter Ausländer erwirbt die Staatsangehörigkeit des Bundesstaats, in welchem er seinen dienstlichen Wohnsitz hat.

§. 9 B.=Gef. v. 1. Juni 1870.

## Wirkung der Staatsangehörigkeit.

Der Erwerb der Staatsangehörigkeit hat die Unterordnung unter die Bundes- und Staatsgesetze und den Eintritt in die dadurch bedingten Rechtsverhältnisse für den Aufgenommenen, dessen Ehefrau und die minderjährigen, noch seiner väterlichen Gewalt unterworfenen, Kinder zur Folge.

§. 11 B.-Ges. v. 1. Juni 1870.

## Verlust der Staatsangehörigkeit.

Die Staatsangehörigkeit geht verloren:

A. durch Entlassung aus dem Staatsverbande.

### I. Auf Antrag des Staatsangehörigen.

1) Wenn derselbe nur die Uebersiedelung in einen andern Bundesstaat bezweckt.

Dann genügt der Nachweis des Erwerbes der Staatsangehörigkeit in dem andern Bundesstaat,[1] weil durch Art. 3 der Verfassungsurkunde vom 26. Juni 1867 für den ganzen Umfang des Bundesgebiets ein gemeinsames Bürgerrecht geschaffen ist.

2) Wenn der Antragsteller in das Ausland überzusiedeln beabsichtigt.

---

[1] Die in diesem Falle von der Regierung auszufertigende Entlassungsurkunde ist kosten- und stempelfrei. §. 24 B.-Ges. v. 1. Juni 1870.

In diesem Falle darf die Entlassung nicht ertheilt werden:

a. Wehrpflichtigen im Alter von 17 bis 25 Jahren, wenn sie nicht eine Bescheinigung der Kreisersatz-Commission darüber beibringen können, daß sie die Entlassung nicht blos in der Absicht nachsuchen, um sich der Militairdienstpflicht zu entziehen.[1])

b. Militairpersonen, welche zum stehenden Heere oder zur Flotte gehören, Offizieren des Beurlaubtenstandes, Reservisten und Wehrmännern, welche zum activen Dienst einberufen sind, ausschließlich der Offiziere;

c. Beamten.

Der Entlassungsantrag ist bei der Regierung anzubringen, welche nach erfolgter Prüfung die Entlassungsurkunde ausfertigt und dem Antragsteller aushändigen läßt.[2]) Für Entlassungsurkunden darf an Kosten und Stempel höchstens 1 Thlr. erhoben werden.

§. 24. B.-Ges. v. 1. Juli 1870.

---

[1]) Diese Bescheinigung ist entbehrlich, wenn ein Attest der Departements-Ersatz-Commission über die vollständige Invalidität beigebracht wird. R. v. 31. Januar 1858. (M.-B. S. 18.)

[2]) Ist Baiern, Würtemberg oder Baden als Ziel der Uebersiedelung bezeichnet, so ist die Entlassung von dem Nachweise der Bereitwilligkeit des betreffenden Staats zur Aufnahme des Bittstellers abhängig. §. 26 B.-Ges. v. 1. Juni 1870.

Die Wirkung der Entlassung tritt mit dem Zeit=
punkt der Aushändigung ein, und besteht darin, daß
der Entlassene, dessen Ehefrau und die noch unter vä=
terlicher Gewalt stehenden Kinder aller Rechte und
Pflichten der Staatsangehörigkeit enthoben werden.

Wenn der Entlassene indeß binnen sechs Monaten
nach der Aushändigung der Entlassungsurkunde weder
seinen Wohnsitz nach dem Auslande verlegt noch die
Staatsangehörigkeit in einem andern Bundesstaat er=
worben hat, so ist die Entlassung als nicht geschehen
zu betrachten. Hieraus folgt, daß in diesem Falle die
frühere Staatsangehörigkeit bestehen bleibt, und eine nach
Ablauf der bezeichneten Frist beabsichtigte Uebersiedelung
in einem andern Staat einen neuen Entlassungsan=
trag voraussetzt.

§. 14—19 B.-Ges. v. 1. Juni 1870.

**II. Durch Beschluß des Ressortministers des Heimath-
staats.**

Hiedurch kann einem Staatsangehörigen die Staats=
angehörigkeit abgesprochen werden:

1) wenn derselbe im Falle eines Krieges oder
  einer Kriegsgefahr der von dem Bundes=

---

Im Falle des Krieges oder einer Kriegsgefahr kann das
Bundespräsidium auch noch weitergehende Einschränkungen an=
ordnen. §. 17 B.-Ges. v. 1. Juni 1870. Ver. v. 22. Juni 1870.

präsidium für das gesammte Bundesgebiet erlassenen Aufforderung zur Rückkehr aus dem Auslande[1]) innerhalb der bestimmten Frist nicht Folge leistet;

2) wenn er ohne Erlaubniß seiner Regierung in ausländischen Staatsdienst getreten ist, und der an ihn gestellten Aufforderung zum Austritt aus demselben innerhalb der gesetzten Frist nicht entspricht.

§. 20. 22 B.-Ges. v. 1. Juni 1870.

B. durch zehnjährigen ununterbrochenen Aufenthalt im Auslande.

Die Frist wird gerechnet:

1) wenn sich der Bundesangehörige im Besitz eines Reisepapiers oder Heimathscheins befindet, von dem Zeitpunkt des Ablaufs der darin bezeichneten Frist,

2) wenn er sich im Auslande in die Matrikel des dortigen Bundesconsulats hat eintragen lassen, von dem auf die Löschung in der Matrikel folgenden Tage.[2])

---

[1]) Als Ausland gilt nur das nicht zum deutschen Bunde gehörige Staatsgebiet.

[2]) Die zehnjährige Frist kann durch Staatsvertrag auf eine fünfjährige reducirt werden. §. 21 Abs. 3. B.-Ges. v. 1. Juni 1870.

Der Verlust der Staatsangehörigkeit wird in diesen Fällen durch einen Beschluß des Ressortministers des Heimathstaats festgesetzt. Die Wirkung dieses Beschlusses erstreckt sich auch auf die Ehefrau und die unter väterlicher Gewalt stehenden minderjährigen Kinder, falls sie sich beim Vater befinden.[1]

§. 21 a. a. O.

C. durch den Eintritt in fremden Staatsdienst,

    1) wenn die Erlaubniß der Heimathsregierung hierzu nicht eingeholt ist,

    2) der von der Centralbehörde des Heimathstaats ergangenen Aufforderung zum Austritt aus dem Dienst eines andern Staates innerhalb der gestellten Frist nicht entsprochen wird.

§. 22. 23 B.-Ges. v. 1. Juni 1870.

D. durch Legitimation

eines unehelichen Kindes seitens eines Ausländers oder des Angehörigen eines andern Bundesstaats.

---

[1] Der Lauf der zehnjährigen Frist wird in Preußen und den Bundesstaaten, in denen schon vor dem Erlaß des Ges. v. 1. Juni 1870 an den zehnjährigen Aufenthalt im Auslande der Verlust der Staatsangehörigkeit geknüpft wurde, nicht vom 1. Januar 1871, dem Tage der Rechtskraft des gesammten Gesetzes, sondern von dem Eintritt der gesetzlichen Voraussetzung für den Beginn der Frist gerechnet, selbst wenn derselbe in eine frühere Zeit fällt. §. 25. B.-Ges. v. 1. Juni 1870.

### E. durch Verheirathung
einer Staatsangehörigen mit dem Angehörigen eines andern Bundesstaats oder einem Ausländer.

§. 13 B.-Gef. v. 1. Juni 1870.

### F. durch Ausweisung.

Wenn nämlich nach der Uebersiedelung des Angehörigen eines Bundesstaats in einen andern Bundesstaat — jedoch vor Erwerbung des Unterstützungswohnsitzes — die dauernde Unterstützungsbedürftigkeit des Angesiedelten hervortritt, kann der Armenverband des Aufenthaltorts von dem verpflichteten Armenverband die Wiederaufnahme des Hülfsbedürftigen verlangen, und, falls sich dieser hiezu nicht geneigt zeigt, oder eine vollstreckbare Entscheidung über die Fürsorgepflicht gegen ihn vorliegt, die Ausweisung veranlassen.

§. 5. 6 B.-Gef. v. 1. November 1867.

# Die Armenpflege.

Der Grundsatz, daß die Bundesangehörigen in jedem Bundesstaat den Staatsangehörigen gleich behandelt werden, erstreckt sich auch auf die Armenpflege.[1] §. 1 B.=Ges. v. 6. Juni 1870.

Die Verwaltung der Armenpflege ist für das ganze Bundesgebiet in gleicher Weise geregelt. In allen Bundesstaaten werden O r t s a r m e n v e r b ä n d e und L a n d a r m e n v e r b ä n d e gebildet.

## I. Die Ortsarmenverbände.

Sie werden räumlich abgegrenzt.[2] Den Bewohnern dieser Bezirke liegt die Fürsorge für sämmtliche Armen des Bezirks ob.

---

[1] Zur Armenpflege gehört Obdach, der unentbehrliche Lebensunterhalt, die erforderliche Pflege in Krankheits= und angemessenes Begräbniß in Sterbefällen, wobei indeß Gebühren für die dem Unterstützungsbedürftigen etwa geleisteten geistlichen Amtshandlungen nicht in Anrechnung kommen dürfen. Statt dieser Form der Unterstützung steht es den Armenverbänden frei, den Bedürftigen in einem Armen= oder Krankenhause unterzubringen, oder denselben auf eine seinen Kräften entsprechende Arbeit anzuweisen. §. 1. Ges. v. 8. März 1871. G.=S. p. 130.

[2] Die Bildung dieser Bezirke muß bis zum 1. Juli 1871 erfolgen. §. 4 B.=Ges. v. 6. Juli 1870.

Als Bezirksarme gelten alle Hülfsbedürftigen, welche den Unterstützungswohnsitz erworben haben.

# Der Unterstützungswohnsitz.

## Erwerb.

Der Erwerb desselben wird dadurch begründet, daß der Bundesangehörige in dem betreffenden Staate nach zurückgelegtem vierundzwanzigsten Lebensjahre zwei Jahre lang[1] ununterbrochen seinen gewöhnlichen Aufenthalt gehabt hat.

## Beginn.

Der Aufenthalt beginnt mit dem ersten Tage[2] der Anwesenheit an dem betreffenden Orte, sofern diese die freie Selbstbestimmung der Wahl des Aufenthaltorts erkennen läßt.[3] Der Eintritt in eine Straf-,

---

[1] Diese Frist kann durch Privatvereinbarung (Vertrag, Verzicht) nicht geändert werden, da die an dieselbe geknüpften rechtlichen Wirkungen in das öffentliche Recht hineingreifen, mithin nicht Gegenstand eines Privatabkommens sein dürfen. §. 64 B.-Ges. v. 6. Juni 1870.

[2] Bei dem Gesinde, Arbeitsleuten, Wirthschaftsbeamten, Pächtern und Miethern gilt jedoch beim Wechsel des Wohnsitzes der nach Gesetz oder Herkommen bestehende Umzugstermin selbst dann als Anfangstermin des Aufenthalts, wenn sie auch erst im Verlauf der nächsten sieben Tage an dem Aufenthaltsort eingetroffen sind. §. 11 B.-Ges. v. 6. Juni 1870.

[3] Die Anstellung oder Versetzung eines öffentlichen oder

Kranken=, Bewahr= oder Heil=Anstalt fällt mithin nicht unter den Gesichtspunkt des zum Erwerbe des Unter= stützungswohnsitzes geeigneten Aufenthalts.

### Dauer.

Der Aufenthalt muß o h n e U n t e r b r e c h u n g z w e i J a h r e dauern.

Die Frist ruht:

1) wenn der Bundesangehörige nur durch Umstände, welche seine freie Selbstbestimmung bezüglich der Wahl des Aufenthaltorts hindern, an einem Orte zurückgehalten wird;

2) so lange ihm von einem Armenverbande[1]) eine öffentliche Unterstützung gewährt wird;

3) während der Dauer des wegen der Fortsetzung des bereits begonnenen Aufenthalts zwischen dem Armenverbande des früheren und des gegenwär= tigen Aufenthalts schwebenden Streitverfahrens, falls der auf die Anerkennung der Verpflichtung zur Uebernahme des Hilfsbedürftigen gerichtete Antrag des betreffenden Armenverbandes an den angeblich verpflichteten Armenverband oder die

---

Privat=Beamten, Geistlichen oder Lehrers sowie einer nicht blos zur Erfüllung der Militairpflicht im Bundesheer oder der Kriegs= marine dienenden Militairperson ist nicht als ein Akt der Be= schränkung der freien Selbstbestimmung anzusehen. §. 26 a. a. O.

[1]) Im Sinne des Gesetzes vom 6. Juni 1870.

vorgesetzte Behörde eines der betheiligten Armen=
verbände abgesendet ist und den erwünschten Er=
folg gehabt hat.

Die Unterbrechung beginnt alsdann mit dem Tage
der Uebersendung des Antrages. Wird indeß dieser
Antrag innerhalb zweier Monate nicht weiter verfolgt,
so gilt er nicht als Unterbrechung des Aufenthalts. Der
Aufenthalt verliert seine Bedeutung für die Armenpflege
gänzlich, wenn der Bundesangehörige sich aus dem Orte
seines Aufenthalts unter Umständen entfernt hat, welche
auf ein dauerndes Aufgeben seines bisherigen Aufent=
haltes hindeuten. Die vorübergehende Entfernung
von dem Aufenthaltsort ist hingegen für die Fortsetzung
der bei der Erwerbung des Unterstützungswohnsitzes
maßgebenden Aufenthaltsfrist ohne Einfluß.

§. 9—14 B.=Ges. v. 6. Juni 1870.

### Ehefrauen und Kinder.

Ehefrauen und Kinder sind in der Regel zum
selbständigen Erwerb eines Unterstützungswohnsitzes
nicht befugt.

In Betreff ihrer gelten folgende Grundsätze:

### I. Ehefrauen.

Die Ehefrau ist bezüglich der Wahl des Unter=
stützungswohnsitzes der Regel nach unselbständig.

A. **Während der Dauer der Ehe**
theilt sie den Unterstützungswohnsitz ihres Ehemannes und kommt nur dann in die Lage, sich selbständig einen Unterstützungswohnsitz zu gründen:

1) wenn der Ehemann sie böswillig verläßt,
2) wenn er verhaftet wird,
3) wenn er ihr die Erlaubniß zur Wahl eines anderweiten Aufenthalts ausdrücklich ertheilt hat,
4) wenn Umstände eintreten, welche ihr nach allgemeinen Landesgesetzen das Recht geben, von ihrem Ehemanne getrennt zu leben (Interimistikum im Ehescheidungsprozeß).

In den Fällen 3 und 4 wird indeß vorausgesetzt, daß sie sich ohne Beihilfe des Ehemannes ihren Unterhalt beschaffen kann.

§. 15. 17 B.-Ges. v. 6. Juni 1870.[1])

B. **Nach Auflösung der Ehe**
erlangt die Ehefrau ihre volle Selbständigkeit wieder. Sie setzt dann bis auf Weiteres den vor jenem Zeitpunkt erlangten Unterstützungswohnsitz fort.

§. 16 B.-Ges. v. 6. Juni 1870.

---

[1]) Wenn in den Fällen 1. 2. 3. 4 die thatsächlichen Voraussetzungen später wegfallen, so tritt die Ehefrau wieder in den Unterstützungswohnsitz des Ehemannes zurück und die dann etwa schon durch den Erwerb eines anderweiten Unterstützungswohnsitzes bezüglich der Armenpflege erworbenen Rechte kommen in Wegfall.

## II. Kinder.

A. Eheliche, beziehungsweise legitimirte Kinder
theilen:

1) bei Lebzeiten des Vaters dessen Unterstützungs=
wohnsitz.

### Ausnahmen:

a. Im Falle I. A. 1—4 treten sie, falls sie der
Mutter gefolgt sind, in deren Unterstützungswohn=
sitz über.

b. Dasselbe geschieht, wenn die Eltern rechtskräftig
geschieden werden, in Betreff derjenigen Kinder,
deren Erziehung der Mutter verbleibt.

2) Beim Ableben des Vaters können zwei Fälle
eintreten:

a. Die Mutter ist noch am Leben. Dann theilen
sie den Unterstützungswohnsitz derselben.

b. Die Mutter ist nicht mehr am Leben. Dann
setzen sie den Unterstützungswohnsitz des Vaters
fort.

§. 18—21 B.=Ges. v. 6. Juni 1870.

Nach zurückgelegtem vier und zwanzigsten
Lebensjahre[1]) können Kinder auch bei Lebzeiten des

---

[1]) Der Zeitpunkt der nach den Landesgesetzen eintretenden
Großjährigkeit ist hier nicht maßgebend.

Vaters einen selbständigen Unterstützungswohnsitz er=
werben.

§. 22. № 2 a. a. O.[1])

**Verlust des Unterstützungswohnsitzes.**

Die Wirkungen des in dem Bezirk eines Armen=
verbandes durch zweijährigen ununterbrochenen Aufent=

---

[1]) Die Feststellung des Unterstützungswohnsitzes für die
Zeit vor dem 1. Juli 1871, dem Tage der Rechtskraft des Ges.
v. 6. Juni 1870, ist nach den früheren gesetzlichen Vorschriften
zu beurtheilen. Hieraus ergeben sich folgende Uebergangsbe=
stimmungen:

1) Jeder Bundesangehörige, welcher am 30. Juni 1871 inner=
   halb des Bundesgebiets ein Heimathsrecht besitzt, erlangt
   am 1. Juli 1871 den Unterstützungswohnsitz in demjenigen
   Ortsarmenverbande, welchem sein Heimathsort angehört.
2) Jeder Bundesangehörige, welcher am 30. Juni 1871 inner=
   halb des Bundesgebiets einen Unterstützungswohnsitz erlangt
   hat, ist vom 1. Juli 1871 ab bezüglich der Folgen nach
   den neueren Vorschriften zu behandeln.
3) Für den Erwerb des Unterstützungswohnsitzes kommt die
   hinter den 1. Juli 1871 zurückreichende Zeit des ununter=
   brochenen Aufenthalts dergestalt in Anrechnung, daß der
   Ablauf der zweijährigen Frist vor dem 1. Juli 1871 mit
   diesem Tage den Unterstützungswohnsitz begründet, andern=
   falls aber der vor dem 1. Juli 1871 abgelaufene Zeit=
   raum in Anrechnung gebracht wird.
   §. 65 B.=Ges. 6. Juni 1870.

halt erworbenen Unterstützungswohnsitzes erreichen ihr Ende, sobald der Bundesangehörige

1) entweder einen anderweiten Unterstützungswohnsitz erwirbt, oder

2) nach zurückgelegtem vier und zwanzigsten Lebensjahre[1]) den Bezirk des Armenverbandes verlassen hat und in einem ununterbrochenen zweijährigem Zeitraum demselben fern geblieben ist.[2])

Dieselben Umstände, welche den Erwerb des Unterstützungswohnsitzes überhaupt aufhalten, werden auch bei Berechnung der Frist der Abwesenheit in Betracht gezogen.

§. 22—27 a. a. O.

# Die Armenverbände.

## I. Die Ortsarmenverbände.

Die Ortsarmenverbände fallen entweder mit den Gemeinde- oder Gutsbezirken zusammen oder werden durch Zusammenlegung mehrerer Gemeinde- oder Gutsbezirke gebildet.[3])

---

[1]) Vgl. Note 1 S. 20.

[2]) Die hinter den 1. Juli 1871 zurückreichende Zeit der ununterbrochenen Abwesenheit kommt hiebei mit in Anrechnung. §. 65 B.-Ges. v. 6. Juni 1870.

[3]) Bis zum 1. Juli 1871 sind überall räumlich abgegrenzte

## A. Gemeinde-Armen-Verbände.

Die Verwaltung der öffentlichen Armenpflege fällt hier den Gemeindebehörden zu, welche dieselbe durch Gemeindebeschluß einer aus Mitgliedern des Gemeinde= vorstandes und der Gemeindevertretung — geeigneten= falls auch aus der Zahl anderer Gemeindemitglieder — zu wählenden Deputation übertragen dürfen. Eine solche Deputation ist dem Gemeindevorstande untergeordnet, dessen Vorsitzender auch den Vorsitz in derselben führt, beziehungsweise ein Mitglied des Gemeindevorstandes dazu abordnet. [1])

§. 2. 3 G. v. 8. März 1871.

Zur Uebernahme einer unbesoldeten Stelle in der Gemeinde=Armenverwaltung ist jedes zur Theilnahme an den Gemeindewahlen berechtigte Gemeindemitglied verpflichtet.

Gesetzliche Befreiungsgründe sind nur:

1) anhaltende Krankheit,

---

Verbände zu bilden und demgemäß alle Grundstücke entweder einem solchen Verbande zuzuschlagen oder als selbständige Ver= bände zu gestalten. §. 4 B.=Ges. v. 6. Juni 1870.

[1]) Ortspfarrer oder deren Stellvertreter nehmen an diesen Gemeinderechten in allen Gemeinden ihres Pfarrbezirks theil. §. 3 a. a. O.

2) Geschäfte, die eine häufige oder lange andauernde Abwesenheit mit sich bringen,

3) ein Alter von 60 Jahren und darüber,

4) die Verwaltung eines andern öffentlichen Amtes.

Der Umstand, daß das gewählte Gemeindemitglied schon früher ein derartiges Gemeindeamt bekleidet hat, kann gleichfalls als Befreiungsgrund, jedoch nur für die nächstfolgende gleich lange Zeit zur Geltung gebracht werden.

Anderweite Verhältnisse kommen nur unter der Voraussetzung in Betracht, daß ihnen entweder durch die Bestimmungen der Gemeindeverfassung oder durch Beschluß der Gemeindevertretung die gleiche Bedeutung beigelegt wird.

Dieselben Vorschriften kommen auch in dem Falle in Anwendung, wenn ein Mitglied der Gemeinde-Armenverwaltung vor Ablauf der Amtsperiode die Stelle niederlegt.

Die ungerechtfertigte Weigerung der Annahme oder Fortführung eines solchen Gemeindeamts kann durch einen von der Gemeindevertretung unter Genehmigung der Aufsichtsbehörde zu fassenden Beschluß derart geahndet werden, daß das betreffende Gemeindemitglied des Rechts zur Theilnahme an den Gemeindewahlen, beziehungsweise zur Bekleidung unbesoldeter Gemeinde-ämter auf die Dauer von drei bis sechs Jahren für

verluſtig erklärt und um ¹/₈ bis ¹/₄ ſtärker zu den di=
recten Gemeindeabgaben herangezogen wird.

§. 4. 5 G. v. 8. März 1871.

## B. Gutsbezirke.

Als beſondere Ortsarmenbezirke gelten nur die
ſelbſtändigen d. h. die nicht mit einem Gemeindeverbande
vereinigten Gutsbezirke.

Kommt hiebei nur eine ungetheilte Beſitzung
in Frage, ſo fällt die Armenlaſt und die Armen=Ver=
waltung ausſchließlich dem Beſitzer zu.

Zerfällt hingegen der Gutsbezirk in verſchiedene
Beſitzungen oder wird derſelbe nicht ausſchließlich von
den Dienſtleuten des Beſitzers bewohnt, ſo kann ſich
der mit der Verwaltung der öffentlichen Angelegenheiten
dieſes Bezirks betraute Beſitzer der ausſchließlichen
Koſtenlaſt der Armenpflege und Armenverwaltung nur
dadurch entziehen, daß er mit den andern Betheiligten
(Grundbeſitzern, beziehungsweiſe Einwohnern, welche
nicht zu den Dienſtleuten gehören) eine Vereinbarung
über die anderweite Aufbringung der Koſten der öffent=
lichen Armenpflege und die Theilnahme an der Ver=
waltung zu treffen verſucht. Gelingt dieſer Verſuch, ſo
hat es bei dem getroffenen Abkommen ſein Bewenden.
Mißlingt aber derſelbe, ſo kann der Antragſteller die
Vermittelung des Kreistages nachſuchen. Dieſer hat

dann nach Anhörung der Betheiligten ein Statut festzustellen, welches hinsichtlich der Regelung der Beitragspflicht den gesetzlichen Bestimmungen über die Vertheilung der Communallasten in den ländlichen Gemeinden
entsprechen muß. Dieses Statut unterliegt der Bestätigung der Bezirks-Regierung.

§. 7. 8 G. v. 8. März 1871.

## C. Gesammt-Armenverbände.

Darunter sind diejenigen Armenverbände zu ver-
stehen, welche durch die Vereinigung verschiedener Ge-
meinde- oder selbständiger Gutsbezirke gebildet werden.

Die Verwaltung der Armenpflege regelt sich hier
nach den Bestimmungen der Verfassung des Verbandes.

Entspricht dieselbe nicht den allgemeinen Grundsätzen der Bundesgesetzgebung, so muß der Armenverband in diesem Sinne umgebildet werden. Diese
Umgestaltung wird durch eine Commission ins Werk
gesetzt, welche aus einem vom Oberpräsidenten zu ernennenden Vorsitzenden und aus zwei oder vier durch
die Provinzialvertretung zu wählenden Mitgliedern besteht. Dieselbe hat die räumlichen und finanziellen[1])

---

[1]) Wenn sich die Betheiligten über die Theilnahmerechte
des neu zu bildenden Armenverbandes an dem Vermögen der
umzugestaltenden Verbände nicht anderweit einigen, und über

Verhältnisse im Sinne der Bildung eines Gesammt=
Armenverbandes unter Anhörung der Betheiligten zu
ordnen. Die betreffenden Beschlüsse unterliegen der
Bestätigung der Bezirks=Regierung. Den Betheiligten
bleibt der Rechtsweg vorbehalten.

§. 9. 16—18 a. a. O.

Wo sich ein solcher Verband neu bildet, können
zwei Fälle eintreten:

1) Die Betheiligten vereinigen sich über eine Ver=
fassung, welche die Aufbringung der Kosten der Armen=
pflege und die Verwaltung der Armenpflege regelt.
Dann kommt dieselbe, sobald sie die Bestätigung der
Bezirks=Regierung erlangt hat, zur Geltung.

Dasselbe gilt, wenn durch den Anschluß von Ge=
meinden oder Gutsbezirken an einen bereits bestehenden
Ortsarmenverband auf Grund einer diesfälligen Ver=
einbarung ein neuer weiterer Verband entsteht.

---

diesen Punkt nicht etwa schon sonst besondere rechtliche Feststellun=
gen bestehen, so dient das Beitragsverhältniß im Durchschnitt
der letzten 10 Jahre — in Ermangelung eines derartigen Nach=
weises die Seelenzahl — als Maßstab. Eine Vertheilung des
bisher ungesondert verwalteten Armenvermögens ist nur mit
Genehmigung der Bezirksregierung zulässig. §. 17 a. a. O.

Wegen Aufhebung der besondern Armenbehörden in
den westlichen Provinzen (Appellationsgerichtsbezirk Cöln u. a. m.)
vgl. §. 19—23 a. a. O.

2) Es kommt keine Einigung zu Stande. Dann fällt der Kreis-Vertretung die Aufgabe zu, nach Anhörung der Betheiligten die Verfassung festzustellen. Für dieselbe sind nachstehende Grundregeln zu beachten:

a. Es muß eine aus Abgeordneten der Gemeinden oder Gutsbezirke bestehende Vertretung gebildet werden. An derselben sind die einzelnen Gemeinden beziehungsweise Gutsherrschaften nach Verhältniß ihrer Beitragspflicht an den Kosten der gemeinsamen Armenpflege betheiligt, wobei indeß daran festzuhalten ist, daß jede Gemeinde und jeder Gutsbezirk mindestens einen Abgeordneten zu entsenden hat. Bei der Wahl der Abgeordneten darf der Gemeindevorsteher indeß niemals übergangen werden. Die Wahlperiode ist auf 3 bis 6 Jahren festzustellen.

b. Die Vertretung (a) wählt einen Vorsitzenden und einen Stellvertreter desselben.[1]

c. Bei der Verwaltung der Armenpflege hat der Vorsitzende die Rechte und Pflichten eines Gemeinde-Vorstandes, die Verbands-Vertretung die Rechte einer Gemeindeversammlung.

---

[1] Die Wahl kann auch auf eine Person fallen, die nicht zur Verbandsvertretung gehört, giebt aber dann dem Vorsitzenden kein Stimmrecht in derselben. Dem Vorsitzenden kann eine Dienstunkostenentschädigung gewährt werden. §. 10 a. a. O.

d. Als Maßstab für die Vertheilung der Kosten der gemeinsamen Krankenpflege auf die einzelnen Gemeinde= und Gutsbezirke darf nur die Klassen= und Einkommensteuer, die halbe Gewerbesteuer, sowie die halbe Grund= und Gebäudesteuer gelten, wobei das Einkommen, welches auf Grundbesitz oder Gewerbebetrieb außerhalb des Verbandes beruht, nicht in Anrechnung zu bringen ist.

e. Die Untervertheilung und die Aufbringung der Kostenantheile in den einzelnen Gemeinden ist lediglich Sache der betreffenden Gemeinde.[1]

Die aus dem Beschluß der Kreisvertretung hervorgegangene Verfassung bedarf der Bestätigung der Bezirksregierung.

Wo bereits eine Vereinigung mehrerer Gemeinden oder Gutsbezirke zu einem Communalverbande besteht, kann hieraus durch einen verfassungsmäßigen unter Zustimmung der Kreisvertretung herbeigeführten Beschluß ein Gesammt=Armenverband gebildet werden.

---

[1] Personen, welche nicht im Verbande wohnen, aber aus einem im Bezirk belegenen Grundbesitz oder veranstalteten Gewerbebetriebe ein Einkommen beziehen, werden von diesem Einkommen zur Armenlast herangezogen. Dasselbe gilt von Instituten, Stiftungen, Genossenschaften, Aktiengesellschaften und andern juristischen Personen. §. 10 a. a. O.

Die bezüglichen Verhältnisse regeln sich dann nach den für die Verwaltung des Communalverbandes geltenden Vorschriften.

Für die Bildung von Deputationen und die An= nahme der unbesoldeten Aemter sind dieselben Grund= sätze wie ad B (Gemeinde=Armenverbände) maßgebend. Die Auflösung eines Gesammt=Armenverbandes erfolgt durch einen von der Bezirksregierung zu bestätigenden Beschluß.[1]

§. 10. 11. 12. 13. 14 a. a. O.

### D. Verpflichtungen der Ortsarmenverbände.

Den Ortsarmenverbänden liegt:

1) die Armenpflege der Unterstützungsbehörigen des Verbandes für die ganze Dauer ihrer Bedürftigkeit und im vollen Umfange der Unterstützung,
2) die Verpflichtung ob, jedem Bundesangehörigen, dessen Hilfsbedürftigkeit sich während seines Aufent= halts im Bezirk des Verbandes herausgestellt, gleichviel, ob er im Verbande bereits einen Unter= stützungswohnsitz erworben hat, die vorläufige Unterstützung zu gewähren.

---

[1] Sowohl die Bildung wie die Auflösung eines Gesammt= Armenverbandes ist durch das Amtsblatt zu veröffentlichen. §. 15 a. a. O.

Diese vorläufige Unterstützung ist mit Vorbehalt des Rückgriffs auf den eigentlich verpflichteten Armenverband zu leisten. Der Rückgriff bleibt jedoch ausgeschlossen, wenn Personen, welche in einem Gesinde- oder gewerblichen Dienstverhältniß (Gesellen, Gewerbegehilfen, Lehrlinge) stehen, am Orte des Dienstverhältnisses erkranken[1]) und die Krankheit einen sechswöchentlichen Zeitraum nicht überdauert. Bei einer Krankheit von längerer Dauer muß der Ortsarmenverband des Dienstortes die Cur- und Verpflegungskosten für einen sechswöchentlichen Zeitraum ohne Entschädigung tragen, und hat nur für die darüber hinausreichende Zeitdauer den Rückgriff an den eigentlich verpflichteten Armenverband. Die Erstattungspflicht beginnt aber für den letzteren erst mit dem Ablauf des siebenten Tages von dem Tage der seitens des Ortsarmenverbandes an ihn gelangten Ankündigung.

§. 28. 29 B.-Ges. v. 6. Juni 1870.

Bei der Feststellung der Höhe der zu erstattenden Summe kommen die ortsüblichen Armenpflegesätze unter Ausschluß der allgemeinen Verwaltungskosten der betreffenden Armenanstalt und der besondern

---

[1]) Schwangerschaft gilt an sich nicht als eine Krankheit in diesem Sinne.

§. 29 B.-Ges. v. 6. Juni 1870.

Gebühren der fest besoldeten Armenärzte in Ansatz.[1])

§. 30. B.-Ges. v. 6. Juni 1870.

**Uebernahme des Unterstützungsbedürftigen in den verpflichteten Armenverband.**

Der verpflichtete Armenverband kann sich von der ferneren Erstattung der Auslagen des Ortsarmenverbandes durch die Uebernahme des Unterstützungsbedürftigen in seine unmittelbare Fürsorge befreien, trägt dann aber selbstverständlich auch die Kosten der Ueberführung.[2])

Andrerseits steht dem Ortsarmenverbande die Befugniß zu, von dem verpflichteten Verbande die Uebernahme des Unterstützungsbedürftigen jeder Zeit zu verlangen den Fall der blos vorübergehenden Arbeitsunfähigkeit ausgenommen.

§. 31. 32 B.-Ges. v. 6. Juni 1870.

§. 5 B.-Ges. üb. die Freizügigkeit v. 1. Novbr. 1867.

---

[1]) Wenn in einzelnen Bundesstaaten oder Bezirken Verpflegungspauschsätze in Form eines Tarifs öffentlich bekannt gemacht sind, so sollen diese für die Unterstützungsfälle in diesen Staaten beziehungsweise Bezirken maßgebend sein. §. 30 B.-Ges. v. 6. Juni 1870.

[2]) Schuldbare Verzögerung der Ueberführung seitens des Armenverbandes hat den Verlust der Verpflegungsentschädigung für die Zögerungszeit zur Folge. §. 32 a. a. O.

Die Vorsteher von Corporationen, Stiftungen und andern Wohlthätigkeitsanstalten haben die Pflicht, den Armenverwaltungsbehörden auf deren Erfordern Auskunft über den Betrag der Unterstützungen zu ertheilen, welche einem Hilfsbedürftigen des Gemeindebezirks aus den unter ihrer Verwaltung stehenden Fonds gewährt wird. Dieselben werden, wenn sie es unterlassen, diese Auskunft innerhalb einer vierzehntägigen Frist von Empfang der Aufforderung an gerechnet zu ertheilen, mit einer Geldbuße bis zu 10 Thlr. bestraft.

§. 6. 7. 13 Ges. v. 8. März 1871.

Die Regierung ist die Aufsichtsbehörde für sämmtliche Ortsarmenverbände, und hat namentlich die bestimmungsmäßige Verwendung des Vermögens derselben zu überwachen.

§. 25 a. a. O.

## II. Landarmenverbände.

Die Landarmenverbände umfassen entweder das gesammte Staatsgebiet oder den räumlich abgegrenzten Theil eines Bundesstaates.

### Organisation der Landarmenverbände.

Die bereits bestehenden Landarmenverbände verbleiben in ihrer bisherigen Begrenzung und behalten auch ihre bisherige Verwaltung.

§. 5 B.-Ges. v. 6. Juni 1871.

§. 26. 28 Ges. v. 8. März 1871.

Für die neu zu bildenden Landarmenverbände sind folgende Bestimmungen maßgebend.

A. Ein neuer Landarmenverband kann nur unter Zustimmung der Provinzialvertretung, beziehungsweise der anderweiten Betheiligten,[1]) durch Königliche Verordnung ins Leben gerufen werden.

B. Hinsichtlich der Verwaltung der Landarmenverbände ist zu unterscheiden:

1) Der Landarmenverband fällt mit einem Gemeindebezirk zusammen. Dann wird die Verwaltung nach den Vorschriften der Gemeindeverfassung geregelt.

2) Der Landarmenverband ist in anderer Weise abgegrenzt. Dann wird die Verwaltung durch Königliche Verordnung den betreffenden kreis-, beziehungsweise provinzial- oder communal-ständischen Verbänden und deren Organen nach Maßgabe der bezüglichen Verfassungsbestimmungen übertragen.

C. Hinsichtlich der Aufbringung der Kosten gelten folgende Vorschriften:

1) Wird die Art der Aufbringung durch Beschluß der Vertretung des Landarmenverbandes mit Genehmigung der Minister des Innern und der Finanzen geordnet, so hat es dabei sein Bewenden.

---

[1]) Ohne diese Zustimmung ist eine Aenderung nur im Wege der Gesetzgebung zulässig. §. 27 G. v. 8. März 1871.

Ist dieses nicht geschehen, so werden die Kosten auf die betreffenden Kreise nach dem Maßstabe der in ihnen aufkommenden directen Staatssteuern vertheilt, wobei nachstehende Regeln zu beachten sind:

a. In den mahl= und schlachtsteuerpflichtigen Städten tritt die Mahl= und Schlachtsteuer des für die Städte erhobenen Steuerdrittels an die Stelle der Klassensteuer.

b. Die dem Staate gehörigen Grundstücke und die Domanialgrundstücke der vormals reichsunmit= telbaren Fürsten und Grafen in dem gesetzlich bestimmten Umfange[1]) kommen mit dem Grund= steuerbetrage in Ansatz, welcher ihnen in Erman= gelung der gesetzlichen Befreiung oder Bevorzu= gung auferlegt wäre. Die Berechnung wird derart angelegt, daß der allgemeine Grundsteuer= prozentsatz auf den festgestellten oder festzustellen= den Reinertrag in Anwendung gebracht wird.[2])

---

[1]) Vgl. §. 24 Instr. v. 30. Mai 1820 (G.=S. pag. 81). §. 3 G. v. 11. Februar 1870 (G.=S. pag. 85).

[2]) In den Provinzen Schleswig=Holstein, Hannover und Hessen=Nassau sowie in dem Kreise Meisenheim sind bis zur Er= hebung der dort zu regelnden Grundsteuer die gegenwärtig bestehenden Besteuerungsgrundsätze maßgebend. §. 70 G. v. 8. März 1871.

c. Die von der Gebäudesteuer befreiten Gebäude werden mit einer nach dem einzuschätzenden Nutzungswerth zu berechnenden Gebäudesteuer in Ansatz gebracht. Ausgeschlossen sind nur diejenigen Gebäude, welche sich im Besitz des Königlichen Hauses, des Hohenzollernschen Fürstenhauses, des Hannoverschen Königshauses, des Kurhessischen und Herzoglich Nassauischen Fürstenhauses befinden.

d. Die Gewerbesteuer kommt gleichfalls im Betracht, indeß bleibt die Hausirgewerbesteuer außer Ansatz.
§. 27. 28. 29. 70 a. a. O.[1]

### Geschäftskreis der Landarmenverbände.

Die Fürsorge der Landarmenverbände wendet sich denjenigen Hilfsbedürftigen zu, welche in keinem bestimmten Ortsarmenverbande einen Unterstützungswohnsitz erlangt haben, für welchem also keinem Ortsarmenverbande die Unterstützungspflicht obliegt. Die Verbindlichkeit der Landarmenverbände erstreckt sich daher:

---

[1] Die Bestimmungen ad B. 2 und ad C treten für die Provinzen Preußen, Brandenburg, Pommern, Posen, Schlesien, Sachsen, Westphalen und die Rheinprovinz erst mit dem 1. Januar 1873 in Kraft.
§. 30 G. v. 8. März 1871.

A. auf alle bezüglich des Unterstützungswohnsitzes heimathlosen Armen in den Grenzen ihres Bezirks. Tritt die Hilfsbedürftigkeit derselben erst bei der Entlassung aus einer Straf=, Kranken=, Bewahr= oder Heil=Anstalt hervor, so fällt der Bedürftige demjenigen Landarmenverbande zur Last, in dessen Bezirk er sich vor der Aufnahme in die betreffende Anstalt aufgehalten hat.

§. 5—8. 30 B.=G. v. 6. Juni 1870.

Unterstützungsbedürftige[1]) Bundesangehörige, welche keinem Ortsarmenverbande angehören, müssen, wenn sie aus dem Auslande überwiesen werden, von dem Land= armenverbande des Bundesstaats übernommen werden, innerhalb dessen sie vor der Uebersiedelung ins Ausland ihren letzten Unterstützungswohnsitz gehabt haben. Ist dieser Unterstützungswohnsitz nicht zu ermitteln, so ist derjenige Landarmenverband zur Tragung der Kosten der Armenpflege verbunden, in dessen Bezirk die Hilfs= bedürftigkeit hervorgetreten ist.

§. 33 B.=Ges. v. 6. Juni 1870.
§. 37 G. v. 8. März 1871.

---

[1]) Dem Vorhandensein der Hilfsbedürftigkeit zur Zeit der Uebernahme steht der Fall des Eintritts derselben innerhalb sieben Tagen nach der Uebernahme gleich.
§. 37 G. v. 8. März 1871.

B. Eine fernere Hauptaufgabe der Landarmenver=
bände besteht darin, den ihrem Bezirk angehörigen
Ortsarmenverbänden im Falle des Unvermögens eine
entsprechende Bethilfe zu gewähren. Ueber die Noth=
wendigkeit, den Umfang und die Art dieser Bethilfe hat
die Deputation für das Heimathwesen des betreffenden
Ortsarmenverbandes endgültig zu befinden.[1])

§. 36 G. v. 8. März 1871.

C. Die Landarmenverbände haben endlich die Be=
stimmung, die in ihrem Bezirk festgenommenen, auf
Grund der Bestimmungen des §. 361 № 3 bis 8 des
Bundesstrafgesetzbuchs verurteilten und nach verbüßter
Strafe der Landespolizeibehörde überwiesenen, Personen
auf den Antrag dieser Behörde in ein Arbeitshaus
unterzubringen.

Die Kosten für den Transport aus dem Gerichts=
gefängniß in das Arbeitshaus, sowie die Kosten der
etwa zum Behuf dieses Transports zu gewährenden
unentbehrlichen Bekleidung fallen dem Staate zur Last.

---

[1]) Die in einigen Theilen des Regierungsbezirks Kassel
bestehenden Verbände zur Unterstützung unvermögender Ge=
meinden werden, soweit sie lediglich diesen Zweck verfolgen,
aufgehoben. Das Vermögen wird nach denselben Grundsätzen
behandelt wie das Vermögen der aufzulösenden Ortsarmenver=
bände. §. 36. Abs. 2 Ges. v. 8. März 1871.

Die Kosten der Verpflegung in der Anstalt und der bei der Entlassung etwa zu gewährenden nothwendigen Bekleidung, sowie ferner die etwaigen Beerdigungskosten, trägt der Landarmenverband, falls sie nicht durch den aufkommenden Arbeitsverdienst gedeckt werden.[1]

§. 38 G. v. 8. März 1871.

Den Landarmenverbänden steht es frei, über den Kreis ihrer gesetzlichen Verpflichtung hinaus für die Zwecke der Armenpflege ihres Bezirks Anstalten zur Fürsorge für unterstützungsbedürftige Geisteskranke, Idioten, Taubstumme, Sieche und Blinde zu begründen und zu diesem Zweck die Betheiligung der Kreise und Ortsarmenverbände in Anspruch zu nehmen.

Wo die Kreise indeß bisher für derartige Zwecke selbst in befriedigender Weise gesorgt haben, darf nach dieser Richtung hin ihre Betheiligung nicht erzwungen werden.

Die auf besonderer gesetzlicher Bestimmung oder rechtlicher Verpflichtung beruhenden Verbindlichkeiten einzelner Landarmenverbände, sowie die Pflicht der Ortsarmenverbände, die in ihrem Bezirk der Hilfsbedürftigkeit

---

[1] Die Verpflichtung der Landarmenverbände zur Tragung der Kosten der Vollstreckung von Strafurteilen, fällt, wo dieselbe bestanden hat, in Zukunft fort.

§. 39 a. a. O.

anheimfallenden Personen vorläufig zu unterstützen, wer=
den hiedurch selbstverständlich nicht betroffen.[1]

§. 31 G. v. 8. März 1871.

Die Landarmenverbände sind befugt, die ihrer
Fürsorge gesetzlich anheimfallenden Personen
dem zur vorläufigen Unterstützung verpflichteten Orts=
armenverbande gegen Entschädigung zu überweisen.[2]

---

[1] Diese Bestimmungen sind auch für die aus mehreren
Gemeinden oder Gutsbezirken zusammengesetzten Communal=
verbände, sowie für die Kreise und Amtsbezirke maßgebend.

Die in einigen Landestheilen bereits bestehenden Verbände
von Gemeinden und Gutsbezirken zur Bestreitung der Kosten
einzelner besonderer Zweige der öffentlichen Armenpflege bleiben
bestehen. Ihre Verwaltung ist aber nach den für Gesammt=
Armenverbände geltenden Grundsätzen zu regeln.

Neue derartige Verbände dürfen nur mit Zustimmung der
Betheiligten gebildet werden. Die in einzelnen Landestheilen
bestehende gesetzliche Verpflichtung des Staats zur Bestreitung
einzelner Zweige der Armenpflege kommt in Wegfall. Des=
gleichen wird der Kurhessische Staats=Ministerial=Erlaß vom
15. October 1822 und die Bestimmung in §. 5 des Gesetzes
vom 25. März 1869, betreffend die Erweiterung der Verwen=
dungszwecke der Einnahmen aus dem vormals Kurhessischen
Staatsschatz, aufgehoben. §. 31—33 a. a. O.

[2] Für den Betrag der Erstattungsforderung sind die be=
stehenden Tarifsätze maßgebend. Eine Abänderung derselben
kann nur nach Anhörung der Provinzialvertretung, beziehungs=
weise der Communal=Landtage, von dem Minister des Innern

Andrerseits liegt ihnen aber auch die Verpflichtung ob, die der Fürsorge der Ortsarmenverbände ge= setzlich anheimfallenden Personen auf den Antrag dieser Verbände in das Landarmenhaus — so weit es dessen Raum gestattet — gegen Enschädigung[1]) zu übernehmen.

§. 35 a. a. O.

# Das Verfahren in Streitsachen der Armen- Verbände.[2])

## Vorbereitung.

Der Ortsarmenverband, welcher einen andern Orts= oder einen Landarmenverband wegen der Armenpflege eines Unterstützungsbedürftigen in Anspruch nehmen will, hat zuvor:

1) die vollständige Vernehmung des Unterstützungs= bedürftigen:

a. über Ort und Zeit seiner Geburt,

---

eingeführt werden. Wo bisher noch kein Kostentarif bestanden hat, wird derselbe in gleicher Weise ins Leben gerufen. §. 35 G. v. 8. März 1871.

[1]) Vgl. Note 2 S. 40.

[2]) Alle nach dem 30. Juni 1871 anhängig gemachten Ar= menstreitsachen werden nach dem neuen Verfahren behandelt. §. 65 B.=G. v. 6. Juni 1870. §. 73 G. v. 8. März 1871.

b. über das Vorhandensein unterstützungspflichtiger Verwandten und deren Wohnort,

c. über die Aufenthaltsverhältnisse, soweit dieselben für die Unterstützungsbehörigkeit von Einfluß sind,

d. über seine Vermögens= und Erwerbsverhältnisse zu veranlassen;[1])

2) die Feststellung seiner Unterstützungsbedürftigkeit zu bewirken.

Demnächst ist der Erstattungsanspruch **bei Vermeidung des Verlustes desselben** binnen 6 Monaten vom Beginn der Unterstützung gerechnet unter Uebersendung einer Liquidation der bereits aufgewendeten beziehungsweise noch aufzuwendenden Kosten bei dem vermeintlich verpflichteten Armenverbande anzumelden, wobei derselbe anzufragen ist, ob er den Anspruch anzuerkennen Willens sei.

Im Falle es sich um **dauernde Erwerbsunfähigkeit** handelt, kann hieran der Antrag auf Uebernahme des Unterstützungsbedürftigen zur unmittelbaren Fürsorge geknüpft werden.

---

[1]) Die Verwaltungs= und Polizei=Behörden sind verpflichtet, die auf die Ermittelung der Heimaths=, Familien= und Aufenthalts=Verhältnisse innerhalb ihres Geschäftsbezirks bezüglichen Rückfragen der Armenverbände zu erledigen. §. 63 B.=Ges. v. 6. Juni 1870.

Ist der verpflichtete Armenverband nicht zu er= mitteln, so ist die Anmeldung bei der vorgesetzten Be= zirksregierung zu bewirken.

Der in Anspruch genommene Armenverband hat sich binnen 14 Tagen nach Empfang der Anmeldung über die Anerkennung des Erstattungsanspruchs bezie= hungsweise die Bereitwilligkeit zur Uebernahme des Unter= stützungsbedürftigen zu erklären. Stillschweigen gilt als Ablehnung.

§. 34. 35 B.=Ges. v. 6. Juni 1870.

### Verfahren.

Wenn es sich nur um die Erstattung bereits verausgabter Unterstützungskosten handelt, ist der Streit im gewöhnlichen Prozeßwege zum Austrage zu bringen.

§. 68 G. v. 8. März 1871.

In allen andern Streitfällen bildet dagegen

### die Deputation für das Heimathswesen

für alle gegen einen Armenverband ihres Bezirks von einem andern Armenverbande geltend gemachten An= sprüche die entscheidende Behörde. Sie ist zusammen= gesetzt:

1) aus einem etatsmäßigen Mitglied eines am Sitze der Deputation befindlichen Gerichtscollegiums,

2) aus einem etatsmäßigen Mitgliede der am Sitze

der Deputation befindlichen Regierung oder aus der Zahl der Räthe des Oberpräsidenten.[1])

Die Mitglieder ad 1. 2 werden für die Dauer ihres Hauptamtes am Sitze der Deputation vom Könige ernannt, und sind für ihre Amtsthätigkeit nach den Bestimmungen des Disciplinargesetzes für richterliche Beamte verantwortlich.[2])

3) Der Deputation sind ferner drei Mitglieder beigeordnet, welche seitens der Provinzialvertretung aus der Zahl der Angehörigen des Bezirks der Deputationen für die Dauer von drei Jahren gewählt und vom Vorsitzenden durch Handschlag an Eidesstatt verpflichtet werden.

Jedem Mitglied (1. 2. 3) wird ein Stellvertreter beigesellt. Für die Wahl beziehungsweise Ernennung desselben gelten die für die Wahl oder Ernennung des betreffenden Mitgliedes maßgebenden Vorschriften.

Der Vorsitzende der Deputation und dessen Stellvertreter werden vom Könige aus der Zahl der Mitglieder ernannt.

---

[1]) Die etatsmäßigen Mitglieder des Polizeipräsidiums zu Berlin sind für die dort einzusetzende Deputation gleichfalls wählbar. §. 41 G. v. 8. März 1871.

[2]) Das Disciplinarverfahren wird von demjenigen Gerichtshof geleitet, welcher für den Bezirk des betreffenden Apellationsgerichts den Disciplinarhof bildet. §. 43 a. a. O.

Zur Beschlußfähigkeit der Deputation bedarf es der Anwesenheit von mindestens drei Mitgliedern, unter denen der richterliche und der Verwaltungs-Beamte nothwendig vertreten sein muß. Sind vier Mitglieder anwesend, so scheidet das dem Lebensalter nach jüngste Mitglied bei der Abstimmung aus.

Die Deputationsmitglieder ad 3 erhalten eine ihren Auslagen entsprechende Entschädigung, über deren Höhe die Provinzialvertretung[1] zu beschließen hat. Diesen Entschädigungsbetrag hat der Landarmenverband des Bezirks der Deputation aufzubringen.[2]

Die übrigen Verwaltungskosten trägt der Staat.

Der Geschäftsgang der Deputation für das Heimathswesen wird durch ein von dem Justizminister und dem Minister des Innern gemeinsam zu erlassendes Regulativ geordnet.

§. 40—44 G. v. 8. März 1871.

Die bei der Deputation anzubringende Klage muß enthalten:

1) die Bezeichnung des Armenverbandes, gegen welchen der Anspruch gerichtet wird,

---

[1] In Sigmaringen bis auf Weiteres die Regierung. §. 44 a. a. O.

[2] Umfaßt der Bezirk mehrere Landarmenverbände, so wird der Betrag unter diese nach dem Verhältniß der in ihnen aufkommenden direkten Staatssteuern repartirt. §. 44 a. a. O.

2) die Begründung des Anspruchs unter Angabe der Beweismittel,

3) einen Klageantrag, aus welchem zu erkennen ist, ob die Uebernahme des betreffenden Hilfsbedürftigen oder eine andere zu seiner Unterstützung erforderliche Leistung verlangt wird.

Die Klage wird der Gegenpartei mit der Aufforderung zugefertigt, ihre schriftliche Gegenerklärung binnen 4 Wochen nach der Zustellung einzureichen, widrigenfalls die in der Klage behaupteten Thatsachen für zugestanden und die damit übereichten Urkunden für anerkannt zu erachten sein würden.

Die Gegenerklärung wird dem klagenden Armenverbande unter der gleichen Verwarnung mit der Aufforderung zugefertigt, seine weitere Erklärung innerhalb 14 Tagen[1]) nach der Zustellung einzureichen.

Geht eine solche weitere Erklärung ein, so wird sie der Gegenpartei zur Kenntnißnahme zugefertigt.

Den Schriftsätzen sind die in Bezug genommenen Urkunden in Urschrift oder Ausfertigung beizufügen, auch von allen Schriftsätzen und deren Anlagen eine Abschrift einzureichen.

Die Deputation hat, falls erhebliche thatsächliche

---

[1]) Die vorgedachten Fristen können auf Antrag der betreffenden Partei verlängert werden. §. 47 a. a. O.

Verhältnisse streitig sind, die Beweisaufnahme zu ver=
anlassen.

Hiebei ist jede Art der Beweiserhebung statthaft
namentlich auch die Untersuchung an Ort und Stelle
und eidliche Abhörung von Zeugen und Sachverstän=
digen. [1]

Mit der Beweiserhebung kann die Deputation eins
ihrer Mitglieder oder eine der Bezirksregierung unter=
geordnete Behörde betrauen, erforderlichenfalls andere
Behörden um die Ausführung ersuchen. Die Beweis=
verhandlungen sind unter Zuziehung eines verei=
digten Protokollführers aufzunehmen. [2] Die
Parteien sind zu demselben mit vorzuladen.

Die Entscheidung erfolgt in öffentlicher Sitzung,
zu welcher die Parteien beziehungsweise ihre bevollmäch=
tigten Vertreter unter der Verwarnung vorzuladen sind,
daß bei ihrem Ausbleiben nach Lage der Sache ent=

---

[1] Der gesetzliche Zwang, sich als Zeuge oder Sachver=
ständiger vernehmen zu lassen, besteht auch für dieses Verfahren.
Im Weigerungsfalle erkennt die Deputation auf die bezüglichen
Strafen. Gegen den Strafbescheid ist nur der Recurs an das
Bundesamt für das Heimathswesen zulässig. Derselbe ist binnen
14 Tagen nach erfolgter Zustellung des Strafbescheides anzu=
bringen. §. 49 G. v. 8. März 1871.

[2] Wenn sie in einem außerpreußischen Bundesstaate statt=
finden, sind die dort vorgeschriebenen Formen maßgebend. §. 51
G. v. 8. März 1871.

schieden werden wird. In der Sitzung sind die Par=
teien zu hören[1]) und ihnen demnächst das Urteil zu
verkünden. Außerdem ist aber ein schriftlicher, mit
Gründen ausgestatteter, Beschluß auszufertigen und
ihnen zu behändigen.

Die Deputation ist an keine Beweisregeln ge=
bunden, sondern urteilt nach freier Ueberzeugung. Im
Falle eines verurteilenden Spruchs ist jedenfalls ausdrück=
lich hervorzuheben, ob der verklagte Armenverband zur
Uebernahme des betreffenden Hilfsbedürftigen oder zu
einer anderweiten Leistung verpflichtet sein soll.

Ueber die Sitzung wird durch einen vereidigten
Protokollführer eine Verhandlung aufgenommen, welche
die wesentlichen Hergänge enthalten muß. Sie wird
von den Mitgliedern der Deputation und dem Proto=
kollführer unterzeichnet. Die Entscheidung erfolgt im
Namen des Königs. Das Verfahren ist stempelfrei.
An Kosten wird für dasselbe außer den baaren Aus=
lagen und den Gebühren für Zeugen und Sachver=
ständige ein Pauschquantum erhoben, welches den Betrag
von 20 Thalern nicht übersteigen darf.

---

[1]) Neue Thatsachen oder Beweismittel sind nur insofern
zu berücksichtigen, als der betreffenden Partei bei dem verspäte=
ten Vorbringen nicht eine schuldbare Verzögerung zur Last
fällt. §. 53 G. v. 8. März 1871.

Dem unterliegenden Theil sind die Kosten und die baaren Auslagen des Verfahrens sowie die des obsiegenden Theils zur Last zu legen, wobei indeß die Gebühren eines Bevollmächtigten nur insoweit in Ansatz gebracht werden dürfen, als es sich um die Wahrnehmung der öffentlichen Sitzungen der Deputation handelt.[1])

Aus den Einnahmen der Deputation werden zunächst die Verwaltungskosten bestritten. Der Ueberschuß wird dem Landarmenverbande zugewiesen. Im Falle der Betheiligung mehrerer Landarmenverbände wird derselbe unter sie nach dem Verhältniß der in ihnen aufkommenden directen Staatssteuern vertheilt. Die Entscheidung der Deputation ist unanfechtbar, wenn es sich nur um die örtliche Abgrenzung der einzelnen Armenverbände handelt. Ist der Gegenstand des Streits ein anderer, so kann sie durch das Rechtsmittel der Berufung an das Bundesamt für das Heimathswesen angegriffen werden.

Das Rechtsmittel ist bei der angegriffenen Behörde binnen 14 Tagen nach erfolgter Behändigung der Entscheidung schriftlich unter Beifügung einer Abschrift des Schriftsatzes anzumelden.

---

[1]) Die Kosten des Verfahrens und die zur Erstattung gelangenden Kosten der Gegenpartei werden von der Deputation endgültig festgesetzt. §. 56 Gesetz v. 8. März 1871.

4

Die Rechtfertigung kann mit der Anmeldung ver=
bunden werden, ist aber jedenfalls binnen 4 Wochen
nach Ablauf der Anmeldungsfrist nebst einer Abschrift
der Behörde der ersten Instanz einzureichen. Die be=
treffenden Abschriften werden von dieser der Gegenpartei
zur Beantwortung mit der Aufforderung zugestellt, die be=
zügliche Gegenerklärung binnen 4 Wochen vom Tage der
Zustellung unter Beifügung einer Abschrift einzureichen.

Nach Eingang dieser Schriftsätze beziehungsweise
nach Ablauf der zu ihrer Einreichung bestimmten Frist
werden die Akten der entscheidenden Behörde der zweiten
Instanz übersendet.

§. 38—51 B.=G. v. 6. Juni 1870.
§. 45—58 G. v. 8. März 1871.

### Das Bundesamt für das Heimathswesen.

Das Bundesamt für das Heimathswesen ist eine
kollegialische ständige Behörde, welche aus einem Vor=
sitzenden und mindestens vier Beisitzern gebildet wird.
Dieselben werden auf Vorschlag des Bundesraths vom
Bundespräsidium ernannt. Der Vorsitzende und min=
destens die Hälfte der Beisitzer müssen in ihrem Hei=
mathsstaate die Befähigung zum höheren Richteramt
erlangt haben. Das Bundesamt hat seinen Sitz in
Berlin.

§. 42 B.=Ges. v. 6. Juni 1870.

Für die Rechtsverhältnisse der Mitglieder kommen bis auf Weiteres folgende Bestimmungen in Anwendung:

1) Die Mitglieder werden auf Lebenszeit angestellt.

2) Die Amtsentsetzung tritt nur dann ein,

a. wenn das Mitglied strafrechtlich mit dem Amtsverlust oder einer entehrenden Strafe,

b. wenn es mit einer nicht entehrenden Freiheitsstrafe von länger als einem Jahre, oder

c. wegen eines entehrenden Verbrechens oder Vergehens zu einer Strafe rechtskräftig verurteilt ist.

Etwaige Zweifel darüber, ob einer dieser Fälle vorliegt, werden durch das Plenum des Bundesamts zum Austrage gebracht.

3) Ist gegen ein Mitglied eine Untersuchung eingeleitet, so kann das Bundesamt durch Plenarbeschluß die Suspension des Angeschuldigten von seinem Amte für die Dauer der Untersuchung aussprechen. Die Suspension tritt von Rechtswegen ein, wenn gegen den Angeschuldigten die Untersuchungshaft verhängt wird. Durch die Suspension wird das Recht auf den Genuß des vollen Gehalts während der Dauer derselben nicht berührt.

4) Wird ein Mitglied durch ein körperliches Gebrechen oder durch Schwäche seiner körperlichen oder geistigen Kräfte zur Erfüllung seiner Amtspflichten dauernd unfähig, so tritt seine Versetzung in den Ruhestand gegen Gewährung einer Pension ein. Für die Höhe

4*

der Pension sind die Vorschriften maßgebend, welche
darüber in dem Bundesstaate gelten, aus dessen Dienst
das Mitglied des Bundesamtes berufen ist.

Die Versetzung in den Ruhestand kann auch ohne
Antrag des Mitgliedes durch Plenarbeschluß des Bundesamtes ausgesprochen werden. Das Verfahren regelt
sich nach den einschlagenden Bestimmungen des Disciplinargesetzes für die richterlichen Beamten. (§. 56 bis
63 G. v. 7. Mai 1851.) Die Verrichtungen des Staats-
anwalts und des Untersuchungsrichters werden hiebei
von je einem durch den Bundeskanzler zu ernennenden
Mitglied des Kammergerichts zu Berlin wahrgenommen.

5) Gegen die Beschlüsse des Bundesamts in den
Fällen ad 2. 3. 4 findet keine weitere Berufung statt.

§. 43 B.-G. v. 6. Juni 1870.
§. 23—26 B.-G. v. 12. Juni 1869.

Der Geschäftsgang soll durch ein besonderes, vom
Bundesamt zu entwerfendes, vom Bundesrath zu be-
stättigendes, Regulativ geordnet werden. Zur Abfassung
eines gültigen Spruchs gehören mindestens drei Mitglieder, unter denen sich mindestens ein Mitglied mit
richterlicher Qualification befinden muß. Bei
Stimmengleichheit hat das zuletzt ernannte, — bei
gleichem Dienstalter das jüngste — Mitglied nur eine
berathende Stimme.

§. 44. 45 B.-G. v. 6. Juni 1860.

## Verfahren.

Das Bundesamt hat, wenn die Sache noch nicht spruchreif ist, zuvörderst die zur Klarlegung des Sach- oder Rechtsverhältnisses erforderlichen Ermittelungen durch Requisition der zuständigen Landesbehörden zu veranlassen. Ist die Sache ohnedies spruchreif oder die Beweisaufnahme zum Abschluß gelangt, so wird ein Termin zur öffentlichen und mündlichen Verhand- lung anberaumt, in welchem nach Anhörung der Par- teien die endgültige Entscheidung ergeht. Die mit Gründen versehene Ausfertigung wird der Spruchbehörde erster Instanz zur Behändigung an die Parteien mit den Acten zugesendet. Die Entscheidung ist kostenfrei.

§. 46—51 B.-Ges. v. 6. Juni 1870.

In allen Streitsachen zwischen preußischen Armen- verbänden ist die unterliegende Partei verpflichtet, der Gegenpartei die in der Berufungsinstanz entstandenen baaren Auslagen sowie die Gebühren eines sie in der öffentlichen Sitzung des Bundesamtes vertretenden Rechts- verständigen zu erstatten.

§. 58 Ges. v. 8. März 1871.

# Besonderes Verfahren bei Ausweisungen.

Wenn im Falle der gesetzlich gebotenen Ueberwei- sung eines Hilfsbedürftigen aus dem Armenverbande

seines Aufenthaltortes in den Armenverband, welcher
zu seiner definitiven Uebernahme verpflichtet ist, dem
letzteren Verbande der Verbleib des Unterstützungsbe=
dürftigen in seinem bisherigen Aufenthaltsort wünschens=
werth erscheint, und er auch bereit ist, dem Armenver=
bande des Aufenthaltorts die Kosten der ferneren
Unterstützung zu vergüten, so kann in Ermangelung
einer gütlichen Einigung der betheiligten Armenverbände
der zur Uebernahme des Unterstützungsbedürftigen ver=
pflichtete Armenverband bei der zuständigen Deputation
für das Heimathswesen den Antrag stellen, den Ver=
bleib der ausgewiesenen Person oder Familie in dem
bisherigen Aufenthaltsort zu gestatten, und den Unter=
stützungsbetrag, welchen der verpflichtete Armenverband
dem Armenverbande des Aufenthaltsorts für die Ueber=
nahme der weiteren Fürsorge zu vergüten hat, festzu=
setzen. — Zur Begründung dieses Antrages gehört indeß
die unter Beweis zu stellende Behauptung, daß entweder

1) von der Ausweisung Gefahr für das Leben oder
   die Gesundheit des Auszuweisenden oder seiner
   Angehörigen zu besorgen wäre, oder

2) die Erwerbs=, beziehungsweise Arbeitsunfähigkeit
   des Auszuweisenden durch eine im Bundeskriegs=
   dienst oder gelegentlich einer That persönlicher
   Selbstaufopferung erlittene Verwundung oder
   Krankheit veranlaßt ist, oder

3) die Ausweisung mit erheblichen Härten und Nach=
theilen für den Auszuweisenden verbunden sein
würde.

Ueber diesen Antrag entscheidet die Deputation
nöthigenfalls nach vorgängiger Beweisaufnahme.

Gegen diesen Beschluß steht beiden Parteien binnen
vierzehn Tagen nach dessen Zustellung das Rechtsmittel
der Berufung zu. Die endgültige Entscheidung wird
alsdann von dem Bundesamt für Heimathswesen ge=
troffen.

Ist nur die Nothwendigkeit des Transports oder
die Art der Ausführung desselben streitig geblieben, so
entscheidet die Deputation darüber endgültig.[1]

§. 56. 58 B.=G. v. 6. Juni 1870.

§. 59 G. v. 8. März 1871.

Wenn die thatsächlichen Voraussetzungen des Be=
schlusses nach rechtskräftig erfolgtem Spruch fortfallen,
kann derselbe auf den Antrag des betheiligten Armen=
verbandes jederzeit zurückgenommen werden. In diesem
Falle ist die Sache gleichfalls in dem vorbeschriebenen
Verfahren zum Austrage zu bringen.

§. 56 B.=G. v. 6. Juni 1870.

---

[1] Die Transportkosten fallen stets dem zur dauernden
Uebernahme verpflichteten Armenverbande zur Last.

§. 58 B.=G. v. 6. Juni 1870.

### Vergleich.

In allen vorbezeichneten Streitfällen hat ein zwischen dem streitenden Armenverbande zu Stande kommender Vergleich, wenn er in urkundliche Form gekleidet ist, mit der endgültigen Entscheidung gleiche Kraft.

§. 54 G. v. 6. Juni 1870.

### Schiedsrichterliches Verfahren.

In jedem Kreise wird eine Commission gebildet, welche in allen zwischen den Armenverbänden seines Bezirks schwebenden Streitigkeiten

1) auf Antrag beider Parteien den schiedsrichterlichen Spruch,
2) auf Antrag einer Partei[1]) den schiedsrichterlichen Sühneversuch vorzunehmen hat.

Diese Commission besteht aus dem Landrath als Vorsitzenden und zwei von dem Kreistage aus den Kreisangehörigen für die Dauer von drei Jahren gewählten Mitgliedern.

Die Vertreter für den Vorsitzenden und die beiden andern Mitgliedern wählt gleichfalls der Kreistag.

---

[1]) Dieser Antrag kann aber nur dann gestellt werden, wenn die Klage noch nicht bei der Deputation für das Heimathswesen anhängig gemacht ist. §. 60 G. v. 8. März 1871.

In Städten, welche zu keinem Kreise gehören, erfolgt die Wahl aus den Angehörigen der Gemeinde durch den Gemeindevorstand und die Gemeindevertretung in gemeinschaftlicher Sitzung.

Für das Verfahren in diesen Commissionen gelten nachstehende Vorschriften:

1) Es dürfen nur solche Klagen zugelassen werden, aus denen der in Anspruch genommene Armenverband, sowie der Gegenstand des Anspruchs genau ersichtlich und namentlich hervorgehoben ist, ob die Uebernahme des betreffenden Hilfsbedürftigen oder eine andere Leistung verlangt wird.

2) Die Commissionen sind befugt, Untersuchungen an Ort und Stelle zu veranlassen, Zeugen und Sach=verständige[1] eidlich abzuhören und jede sonstige Beweis=erhebung entweder in der öffentlichen Sitzung oder durch eins ihrer Mitglieder oder durch eine der Bezirks=Regierung untergeordnete Behörde veranlassen, auch andere Behörden um deren Ausführung ersuchen.

---

[1] Die allgemeine Verpflichtung, sich als Zeuge oder Sachverständiger vernehmen zu lassen, kommt auch hier in An=wendung. Die Commission erkennt demgemäß auf die im Falle des Ungehorsams zu verhängenden Strafen, und ist gegen eine derartige Festsetzung nur der Recurs an die Deputation für das Heimathswesen zulässig. §. 61 G. v. 8. März 1871.

3) Die Entscheidung erfolgt in einer öffentlichen Sitzung, zu welcher die Parteien, beziehungsweise ihre bevollmächtigten Vertreter, unter der Verwarnung vorzuladen sind, daß bei ihrem Ausbleiben nach Lage der Akten entschieden werden wird. In der Sitzung sind die Parteien zu hören und ihnen demnächst das Urteil zu verkünden. Außerdem ist aber ein schriftlicher mit Gründen versehener Beschluß auszufertigen und ihnen zu behändigen.

4) Die Commission ist an keine Beweisregeln gebunden, urteilt vielmehr nach freier Ueberzeugung.

5) Im Falle eines verurteilenden Spruchs ist jedenfalls ausdrücklich hervorzuheben, ob der verklagte Armenverband zur Uebernahme des betreffenden Hilfsbedürftigen oder zu einer sonstigen Leistung verpflichtet sein soll.

6) Die Commission darf in jeder Lage des Verfahrens einen Sühneversuch veranlassen.

7) Die Entscheidung erfolgt kosten= und stempelfrei, doch sind dem unterliegenden Theile die baaren Auslagen des Verfahrens und die des obsiegenden Theils zur Last zu legen, wobei indeß die Gebühren eines Bevollmächtigten nicht in Ansatz gebracht werden dürfen.

8) Gegen die Entscheidung der Commission findet keine Berufung statt. Ein Gleiches gilt von der durch

dieselbe erfolgten Festsetzung der zu erstattenden baaren Auslagen.

9) Die Entscheidungen der Commission, sowie die von derselben urkundlich festgestellten Vergleiche sind im Verwaltungswege vollstreckbar.

§. 60. 61. 62 G. v. 8. März 1871.

### Execution.

Die Execution ist auf Antrag des betheiligten Armenverbandes von der entscheidenden Behörde der ersten Instanz zu vollstrecken.

Der Antrag ist zulässig:

1) auf Grund einer endgültigen Entscheidung,
2) auf Grund einer noch anfechtbaren Entschei- dung[1]) mit Ausschluß der Fälle, in denen es sich um die Uebernahme eines auszuweisenden Hilfs- bedürftigen handelt,
3) auf Grund eines urkundlichen Anerkenntnisses oder Vergleichs.

Die betreffenden Entscheidungen, beziehungsweise Ur- kunden (№ 3), sind dem Executions-Antrage beizufügen.

§. 53. 55. 57 B.-G. v. 6. Juni 1870.

---

[1]) Wird die Entscheidung in der zweiten Instanz aufge- hoben oder geändert, so fällt der Executionsbehörde die Aufgabe zu, die Folgen der bereits vollstreckten Execution rückgängig zu machen. §. 54 B.-G. v. 6. Juni 1870.

Ist der schuldige Armenverband ausweislich einer von seiner Bezirksregierung auszustellenden Bescheinigung zur Entrichtung des Schuldbetrages ganz oder theilweise außer Stande, so bleiben die Kosten des Verfahrens außer Ansatz. Für die Erstattung der Auslagen und Gebühren muß der betreffende Landarmenverband eintreten.

§. 59 a. a. O. §. 59 G. v. 8. März 1871.

# Oeffentliche Unterstützung hilfsbedürftiger Ausländer.

Jeder Ausländer ist, so lange ihm der Aufenthalt im Inlande gestattet ist,

1) in Bezug auf die Art und das Maaß der im Falle der Hilfsbedürftigkeit zu gewährenden Unterstützung,
2) in Bezug auf den Erwerb und Verlust des Unterstützungswohnsitzes

einem Deutschen gleich zu behandeln.

§. 64 G. v. 8. März 1871.

Die vorläufige Unterstützung hilfsbedürftiger Ausländer liegt dem Ortsarmenverbande des Aufenthaltsorts ob. Zur Erstattung der diesfälligen Kosten, beziehungsweise zur Uebernahme des hilfsbedürftigen Ausländers, ist der Bundesstaat des Ortsarmenverbandes verpflichtet.

§. 60 B.=G. v. 6. Juni 1870.

Jedem zur vorläufigen oder dauernden Unterstützung eines Hilfsbedürftigen verpflichteten Armenverbande steht wegen der für diesen Zweck gemachten Aufwendungen der Rückgriff an diejenigen zu, welchen nach allgemeinen landesgesetzlichen Vorschriften die Verpflichtung zum Unterhalt und zur Verpflegung des Unterstützungsbedürftigen obliegt. (Familien-, Dienst-Verhältniß, Vertrag, Genossenschaftsverhältniß, Stiftung u. s. w.)

§. 61. 62 B.-G. v. 6. Juni 1870.

Wenn es sich um die Verwirklichung der Unterstützungspflicht der Ehegatten, ehelichen Eltern, der unehelichen Mutter, der ehelichen und unehelichen (in Be-Beziehung auf die Mutter) Kinder handelt, hat der Landrath[1]) des Kreises, in welchem der in Anspruch genommene Angehörige des Hilfsbedürftigen seinen Wohnsitz oder — in Ermangelung eines Wohnsitzes — seinen Aufenthalt hat, auf den Antrag des unterstützungspflichtigen Armenverbandes über die zu gewährende laufende Unterstützung durch Beschluß zu befinden.

Gegen diesen Beschluß steht beiden Parteien binnen 10 Tagen nach dessen Zustellung

---

[1]) In Sigmaringen der Oberamtmann des betreffenden Oberamtsbezirks; in den nicht zu einem Kreisverbande gehörigen Städten der Gemeindevorstand.

§. 65 G. v. 8. März 1871.

1) der Recurs an die Deputation für das Heimaths=
wesen, welche dann endgültig entscheidet,
2) der Rechtsweg
offen.

In beiden Fällen bleibt der angefochtene Beschluß
so lange im Verwaltungswege vollstreckbar, bis durch
die Entscheidung der Recursbehörde oder durch rechts=
kräftigen Richterspruch eine abändernde Bestimmung ge=
troffen ist. Erfolgt auf dem angedeuteten Wege eine
Aenderung des ersten verurteilenden Beschlusses, so
hat der Armenverband dem in Anspruch genommenen
Angehörigen das bis dahin geleistete, beziehungsweise
zu viel Geleistete, zu erstatten, und kann hiezu durch
die Aufsichtsbehörde angehalten werden.

Hat jedoch der in Anspruch genommene Angehörige
die gerichtliche Klage nicht innerhalb sechs Monaten
nach Zustellung des von ihm angefochtenen Beschlusses
angebracht, so kann er nur dasjenige zurückfordern, was
er für den Zeitraum seit Anbringung der Klage zu viel
geleistet hat.

§. 65. 66. 67 G. v. 8. März 1871.

Der Arme selbst darf seinen Anspruch auf Unter=
stützung, gleichviel ob die Unterstützungspflicht oder die
Höhe, beziehungsweise die Art der Unterstützung in Frage
kommt, gegen den betreffenden Armenverband niemals
im Rechtswege durchführen. Ihm steht nur der Be=

schwerdeweg bei der Aufsichtsbehörde des Armenverbandes offen. Die erste Instanz bildet hier der Kreislandrath, in Städten außerhalb des Kreisverbandes der Gemeindevorstand, die zweite und letzte Instanz ist die Deputation für das Heimathswesen.

§. 63. a. a. O.

# Besondere Bestimmungen für einzelne Landestheile.

1) In der Provinz Hannover treten an die Stelle der Bezirksregierungen die Landdrosteien, an die Stelle der Landräthe die Amtshauptmänner, an die Stelle der Kreistage die Amtsvertretungen. Die Kreis-Commissionen werden aber auch in der Provinz Hannover für die einzelnen Kreise durch die von den Kreistagen zu wählenden Mitglieder unter Vorsitz des Kreishauptmanns gebildet.

2) Die Landarmensachen werden bis zum Erlaß der bezüglichen Königlichen Verordnung bearbeitet:

a. in der Provinz Schleswig-Holstein von der Regierung zu Schleswig

b. in dem kommunalständischen Verbande des Regierungsbezirkes Wiesbaden mit Ausnahme des Stadtkreises Frankfurt a. M. von der Regierung zu Wiesbaden,

c. in dem Regierungsbezirk Sigmaringen von der dortigen Regierung.

Der Kreis Meisenheim wird dem Landarmenverbande des Regierungsbezirks Coblenz, die Enclave Kaulsdorf dem Landarmenverbande der vormals sächsischen Kreise der Regierungsbezirke Merseburg und Erfurt und des Kreises Erfurt zugelegt.

3) Für das Jadegebiet wird keine besondere Deputation für das Heimathswesen geschaffen. Die Verrichtungen derselben werden vielmehr der Deputation für das Heimathswesen in der Provinz Hannover übertragen. Im Uebrigen wird die Zuständigkeit der Behörden durch Königliche Verordnung geregelt.

4) Im Regierungsbezirk Sigmaringen werden die Kreis-Commissionen in der Art zusammengesetzt, daß in jedem Oberamtsbezirk der Oberamtmann als Vorsitzender fungirt, während die beiden andern Mitglieder und deren Stellvertreter von den Ortsvorstehern, welche zu diesem Zweck von dem Regierungspräsidenten zu Wahlverbänden vereinigt werden, gewählt werden.

In derselben Weise werden die nicht vom Könige zu ernennenden Mitglieder der Deputation für das Heimathswesen gewählt.

§. 26. 71 G. v. 8. März 1871.

# Aufhebung älterer gesetzlicher Bestimmungen.

Mit dem 1. Juli 1871 treten außer andern mit dem neu geschaffenen gesetzlichen Zustand im Widerspruch stehenden oder mit demselben nicht zu vereinigenden Gesetzesvorschriften folgende Gesetze und Verordnungen außer Kraft:

1) Für die Provinzen Preußen, Pommern, Brandenburg, Posen, Schlesien, Sachsen, Westphalen und die Rheinprovinz:

a. das Gesetz über die Verpflichtung zur Armenpflege vom 31. Dezember 1842 (Gesetz-Samml. 1843. S. 8) mit der Maßgabe, daß die im §. 6 unter 3 dieses Gesetzes erwähnten, zur Zeit der Verkündigung desselben bereits in Ausführung gekommenen Veränderungen von Gemeindebezirken nach wie vor als rechtsbeständig zu betrachten sind;

b. das Gesetz zur Ergänzung der Gesetze vom 31. Dezember 1842 über die Verpflichtung zur Armenpflege u. s. w. vom 21. Mai 1855 (Gesetz-Samml. S. 311), soweit dasselbe zur Zeit noch Gültigkeit hat;

c. der §. 1 des Edikts vom 14. Dezember 1747 wegen Ausrottung der Bettler u. s. w. in Schle-

sien und der Grafschaft Glatz vorbehaltlich der
Bestimmungen des §. 9 des Gesetzes vom 8. März
1871;

d. diejenigen gesetzlichen Vorschriften, welche die Auf=
bringung der Kosten der örtlichen Armenpflege in
der Provinz Schlesien, ausschließlich der Ober=
Lausitz, zu ihrem Gegenstande haben, insbesondere
das Gesetz vom 18. März 1869 (Gesetz=Samml.
S. 505.);

e. der §. 5 der Verordnung betreffend die Einführung
der im Westrheinischen Theile des Regierungs=
bezirks Coblenz geltenden Gesetze in dem vormals
Hessen=Homburgischen Oberamte Meisenheim vom
20. September 1867 (Gesetz=Samml. S. 1535 ff.)
und die dort allegirte Verordnung vom 15. Ok=
tober 1832;

2) für die Provinz Schleswig=Holstein die Armen=
ordnung vom 29. Dezember 1841 (Schleswig=Holstein=
sche Gesetz=Samml. S. 267 fgde.) mit Ausnahme der
§§. 14—18. 77. 78. 81. 82, soweit dieselben die ge=
setzliche Alimentationspflicht der Verwandten und die
Verpflichtungen der Dienstherrschaften gegenüber den
Dienstboten zum Gegenstande haben; desgleichen die
§§. 7—15 des Patents betreffend die Niederlassung und
Versorgung von Ausländern, vom 5. November 1841
(ebenda S. 243 fgde.);

3) für die Provinz Hannover:

a. die Verordnung über die Bestimmung des Wohn=
orts u. s. w. vom 6. Juli 1827 (Hannoversche
Gesetz=Samml. S. 69 fgde.) mit der Maßgabe,
daß die nach den Gemeinde=Verfassungsgesetzen
durch den Erwerb des Wohnrechts bedingten Rechte
und Pflichten fortan durch den Wohnsitz (juristi=
sches Domizil) in der betreffenden Gemeinde be=
gründet werden;

b. das Gesetz wegen Behandlung erkrankter, der Ge=
meinde nicht angehöriger Armen vom 9. August
1838 (ebenda S. 195 fgde.);

c. die §§. 48 und 49, sowie die auf das Armen=
wesen Bezug habenden Bestimmungen der §§. 28
fgde. des Gesetzes über die Verhältnisse der Juden
vom 30. September 1842 (ebenda S. 211 fgde.);

4) für das ehemalige Kurfürstenthum Hessen die
Verordnung, enthaltend Maßregeln der Sicherheitspolizei
wegen der erwerbs= oder heimathslosen u. s. w. Per=
sonen, vom 29. November 1823 (Kurhessische Gesetz=
Samml. S. 57 fgde.);

5) für das ehemalige Herzogthum Nassau das Ge=
setz betreffend die Verwaltung der öffentlichen Armen=
pflege vom 18. Dezember 1848 (Nassauisches Verord=
nungsbl. S. 303 fgde.); jedoch

a. mit Ausnahme des §. 9, soweit derselbe die ge=

setzliche Alimentationspflicht der Ehegatten und der Verwandten zu seinem Gegenstande hat,

b. mit Ausnahme des §. 28 und

c. vorbehaltlich der die Verwaltung des Central-Waisenfonds betreffenden Bestimmung des §. 72 dieses Gesetzes, und mit der Maßgabe, daß die auf Grund der §§. 14 und 16 sub 3 des Gesetzes vom 18. Dezember 1848 für die Landarmen- und Waisenpflege im Gebiete des ehemaligen Herzogthums Nassau, sowie die für gleiche Zwecke im Kreise Biedenkopf aus der Staatskasse pro 1870 geleisteten Zuschüsse dem Landarmenverbande des Regierungsbezirks Wiesbaden überwiesen werden;

6) für die ehemaligen Bairischen Landestheile die Verordnung über das Armenwesen vom 17. November 1816 (Bairisches Gesetzbl. S. 780 fgde.), das Gesetz über die Heimath vom 11. September 1825 (ebenda S. 103 fgde.), das revidirte Gesetz über Anfässigmachung und Verehelichung vom 11. Septbr. 1825, 1. Juli 1834 (ebenda S. 133 fgde.), das Gesetz über die Unterstützung und Verpflegung hilfsbedürftiger und erkrankter Personen vom 25. Juli 1850 (ebenda S. 341 fgde.). —

www.ingramcontent.com/pod-product-compliance
Lightning Source LLC
Chambersburg PA
CBHW020234090426
42735CB00010B/1687